신승준 지음

흰 가운의 무게, 그리고 꿈

흰 가운의 무게,
그리고 꿈

신승준 지음

목차

프롤로그   009

[1부] 아픔과 같이 한 시간들

1. 흰 가운의 꿈   012
2. 의사의 시작   014
3. 수술실에서   016
4. 첫 수술   019
5. 퇴행성 관절염   020
6. 디스크 (추간판 탈출증)   022
7. DOA (도착 시 사망)   024
8. 고통과 시련   027
9. 죽음   028
10. 놓아주는 용기   030
11. 고통은 이름을 잃는다   032

[2부] 입안에 머문 순간들

12. 녹차 한 잔   036
13. 매화 꽃차   038
14. 세 번 우린 차   040
15. 에스프레소   042
16. 폭탄주   044
17. 행복   047
18. 행복 저장소   049
19. 향수   050

[3부] 봄의 숨결을 따라

20. 정월 대보름달	054
21. 매화 앞에서	056
22. 매유사귀(梅有四貴)	058
23. 봄을 그리다	060
24. 봄의 색	062
25. 봄나물	064
26. 4월에는 춤을 추자	066
27. 월광 소나타	068
28. 꽃다발 – 쉰 해의 인연	070
29. 베롱나무 꽃, 백일홍	072

[4부] 사랑이라는 풍경

30. 보고 싶은 얼굴	076
31. 좋은 만남	078
32. 친구	080
33. 여보	082
34. 당신	084
35. 붉은빛 그대	086
36. 짧은 머리, 긴 마음	088
37. 어머니	090
38. 그때는 몰랐겠죠	092

[5부] 조용히 마음을 거닐다

39. 공(空)	096
40. 나를 본다	098
41. 싸구려	100
42. 마음 다듬기	102
43. 그림자	104
44. 방황	107
45. 무념무상	108
46. 표현	110
47. 허리띠	112
48. 고목	114
49. 천차만별의 삶	116
50. 군계일학(群鷄一鶴)	118
51. 깨어 있는 항해	121
52. 슬픔은 무생명이 아니다	122
53. 눈을 감고 누워	124
에필로그	127
발문	129

프롤로그

나는 평생
환자 차트만 쓸 줄 알았다.

그러다 어느 날,
생각이 문장이 되었고
마음이
조용히 흘러내렸다.

가운 속에 감춰두었던
작은 이야기들이
내 안에 켜켜이 쌓여 있었다.

거창한 문학은 아니다.
그저 살아낸 시간,
버텨온 마음.

이제,
그 무게만큼
조심스레 펼쳐본다.
내 안의 시간들을.

제1부

아픔과 같이 한 시간들

흰 가운의 꿈

어릴 적,
나는 꿈을 꾸며 살았다.
흰 가운을 입으면
아픔을 고치는
신이 될 줄 알았다.

그러나,
진짜 흰 가운의 무게는
결코 가볍지 않았다.

내가 살기 위해,
환자를 살리기 위해,
가운은 피로 물들고
때에 절어,
더는 흰색이 아니었다.

지켜내지 못한 환자,
난치병으로 괴로워하던 얼굴들,
모두 내 탓이라 여겼던 시절.

절박함과 합리화 사이에서
수없이 흔들리고, 번민했다.

이제,
한숨 돌리고
돌아본 나는
다시 깨끗한 흰 가운을 입고 있다.

돈을 벌기 위해,
환자를 돕기 위해,
나는 오늘도
외줄 위를 걷는 광대가 된다.

오늘,
관절염 환자에게 말한다.
병을 완치시킬 수는 없어도
덜 아프게,
죽을 때까지 함께 살아가자고.
오래 살아달라고,
따뜻하게 격려하며.

그때 문득 떠오른다.
졸업 앨범에 적었던 그 글.

"흰 가운을 벗는 날까지,
나로 인해
한 생명의 불행함이 없기를
기도한다."

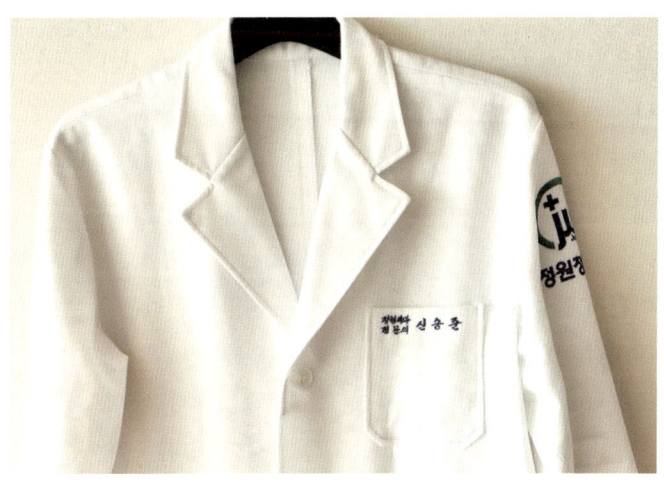

의사의 시작

1989년 2월 14일.
신경외과 인턴.

아침 회진 후,
첫 임무.
Hopeless discharge.

학교에서는
가르쳐주지 않았다.
처음 맡는, 낯선 명령.

주의사항을 듣고,
나는 그를 집으로 모셨다.
살아 있지만,
희망이 없는 몸을 데리고.

기관지 관을 제거하고,
마지막 생명의 신호가
조용히 사라진 순간 -

방 안 가득
모인 눈들이
나를 향했다.

"2월 14일 10시 34분.
사망하셨습니다."

의사로서,
첫 의료 행위는
사망 선고였다.

아이러니한 시작.

많은 죽음을 본 뒤에야,
비로소 깨닫는다.

생명을 살리는 일 옆에는,
언제나
죽음이 나란히
붙어 있다는 것을.

수술실에서

소독된 녹색포로 덮인 세상,
하얀 조명 아래 드러난 피부.

짧은 기도 후 –
피부를 째고, 지혈하고,
벌리고, 자른다.

반복되는 기계음,
전기소작의 타는 냄새.
조명은 숨을 죽이고,
팽팽한 긴장이 흐른다.

마침내 드러난 수술 부위.
입력된 계획, 익숙한 술기.
자르고, 꿰매고,
차례차례 나아간다.

예기치 않은 일이 없기를 –
기도는 여전히,
속으로 조용히 이어진다.

계획된 수술은
역순으로 덮이며 마무리된다.
마지막, 피부 봉합까지.

긴장이 풀리고,
굽은 허리를 천천히 펴는 순간 –

뒤편에서 들려오는 소리.
"옆방에 다음 수술 준비됐습니다."

"...물 한 모금 마시고 갈게요."

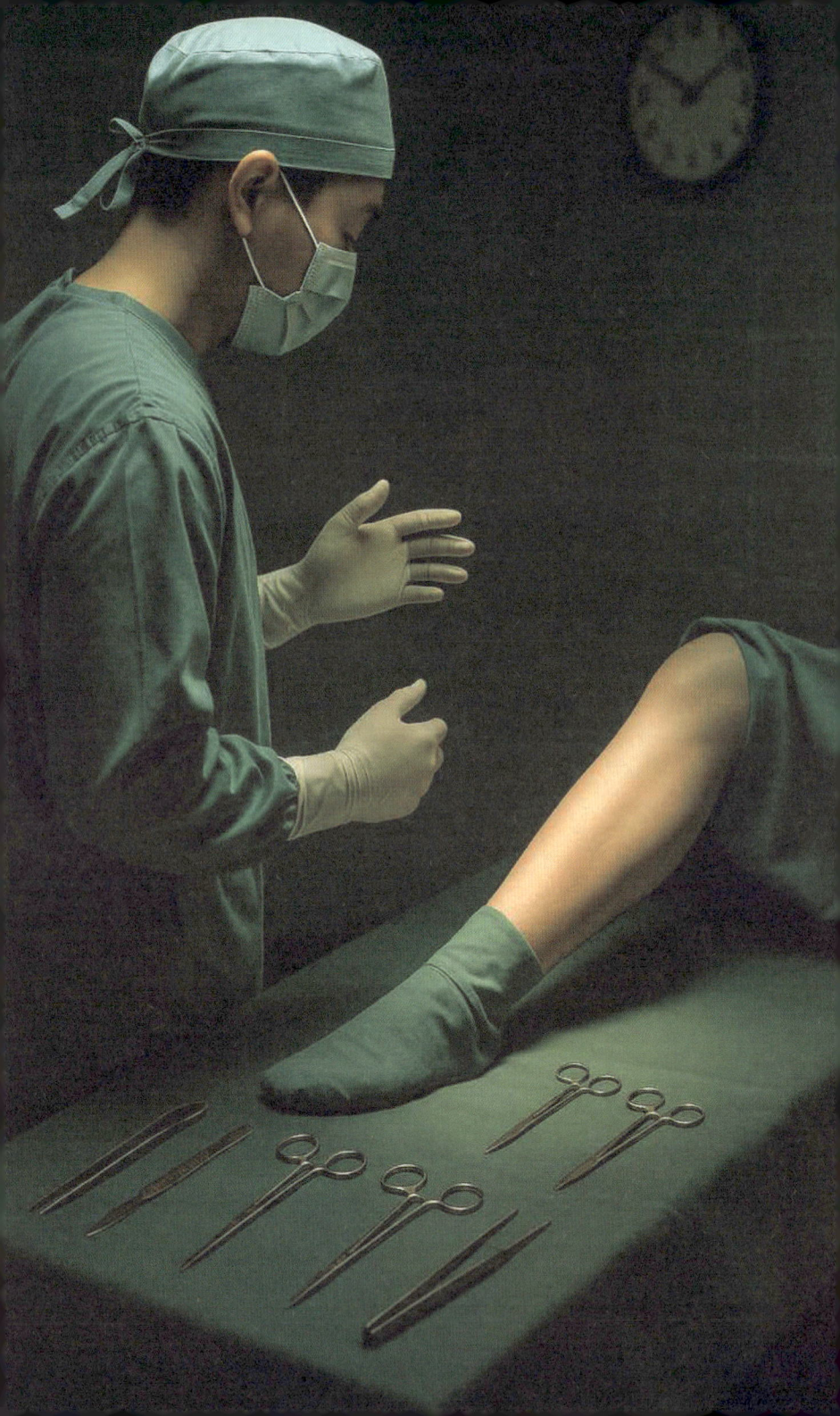

첫 수술

정형외과,
내 이름표 아래
처음 주어진 수술 -
하지 절단술.

살릴 수 없다는
마지막 판단.
수술 동의서.
나의 이름 위로
내려앉은 책임.

남은 일주일,
머리와 손끝에
오직 한 장면만.

수백 번
머릿속으로 되뇌었던 수술.
그 기억은
본능이 되어
손끝을 움직였다.

다리를 잃은 환자의 고통보다 -
나는,
한 걸음 자란 날이었다.

그날 이후,
다시 물러설 수 없었다.
― 그것이 시작이었다.

퇴행성 관절염

무거운 삶을 지탱하고
구부리고 펴기를
수천만 번 반복한 무릎.

닳아버린 관절엔
버텨낸 날들의 무늬.
염증은 되뇌듯 찾아와
"이제 그만하자"고
하소연한다.

그러나,
약을 먹고 치료하면
통증이 잦아들고,
연골이 좋아진 줄 착각한다.

그리고 –
잊은 듯
다시 터지는
무릎 속 비명

무릎에 좋지 않은 등산,
효과 없는 연골 영양제와
홍합 추출물까지 –
그렇게, 스스로를 위로한다.

"15년 생명."
인공관절 수술 전까지
덜 쓰고, 더 아끼며
그날을 미룬다.

나는 안다.
얼마나 많은
통증과 치료가
반복될지.

그래서, 오늘도 말한다.
그러나 –
듣지 않는다.

고요한 진료실.
나는 다시,
고통을 받아 적는다.
누구의 것도 아닌,
내 손끝에 남는
무릎의 긴 계절을.

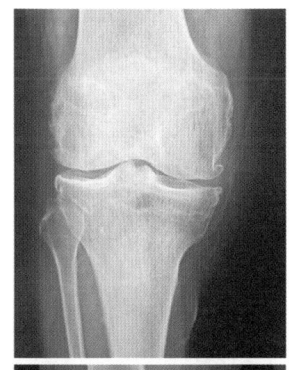
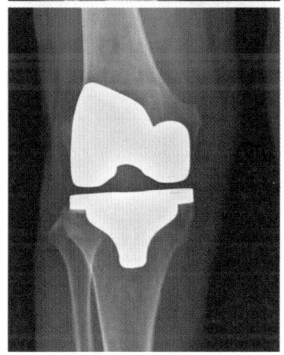

디스크 (추간판 탈출증)

등뼈를 따라
삶을 버티던
스물세 개의 디스크.

인생의 무게를
묵묵히 견디다
조금씩 밀려나고,
뒤틀리고,
끝내 터져버린다.

파열된 삶의 자국,
끊어질 듯한 허리의 절규,
다리를 타고 흐르는
전류 같은 통증.

"왜 하필 나인가요."
의사에게 묻는다.

약과 주사,
물리치료와 허리 시술,
한 가닥 희망을
고통 속에 걸어본다.

수술은… 아니야.
통증 없는 하루면 돼.
그것만으로도
기적이니까.

"안되면 수술해야죠."
의사는
그 말을 목구멍에 삼킨다.
대신,
고통이 그를 대신해 운다.

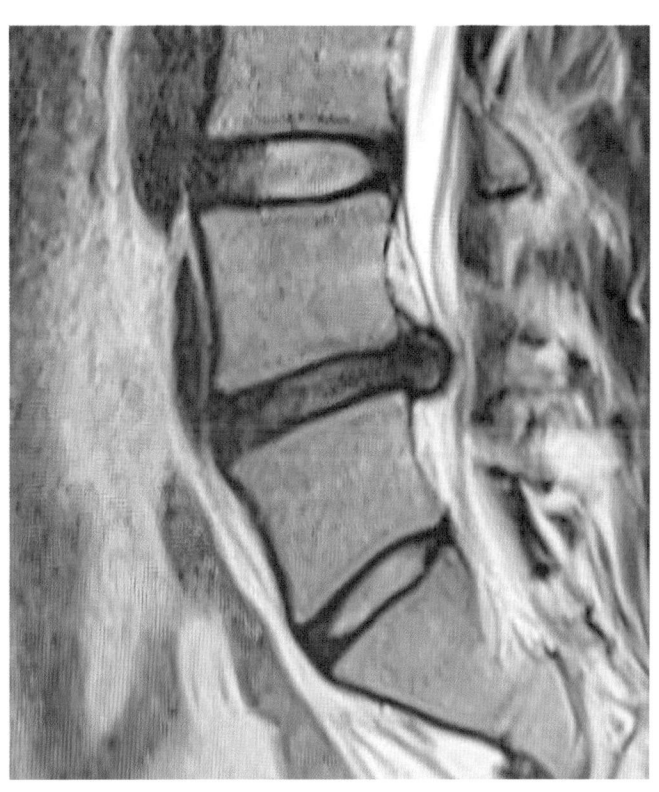

DOA (도착 시 사망)

요란한 구급차 소리.
들것에 실려
응급실 문이 열린다.
가족들의 오열과 함께.

동공은 열려 있고,
심전도는 한 줄의 침묵.

검사 후,
가족을 부른다.

"내원 당시,
이미 사망하셨습니다."

나는
죽음을 처음으로 증명하는
한 장의 서류 –
사망진단서를 쓴다.

그 서류가 있어야
이 생을 마감하고,
정리할 수 있다.

그리고,

또 –
구급차 소리가
들려온다.

고통과 시련

세월이 남긴 흔적으로
불편함을 안은 몸.
그 몸에 깃든 병이
마음까지 갉아먹는다.

강인하고 꿋꿋했던,
철옹성 같던 주체가
조금씩 허물어 간다.

오진이었기를 바라며
병원을 전전하던 시간들.
시련을 주는 하늘에
분노한다.

극복하려던 용기는
반복되는 치료 끝에
불안과 우울로 스러진다.

받아들이는 순간
몸의 고통은 저물고,
마음은
조용히 평화에 닿는다.

누구나 끝을 향해 가는 과정.
나약해지고 허물어짐에
고개 숙일 필요 없다.

힘들면,
소리치고
눈물 흘려라.

옆에서,
손 잡고,
꼭 안아줄 테니까.

죽음

몸과 마음은 하나,
그 하나의 소멸.

눈을 감으면,
고통도 감정도 없는
말끔한 어둠.
전생도 없고, 내세도 없는
단 하나의 종착역.

죽음의 슬픔은
남겨진 자의 몫.
보고 싶어도 볼 수 없고,
안아주지 못하는
깊은 부재의 통곡.

그 모든 부여는,
남겨진 자의 사랑이자
어쩌면, 이기심.

태어남과 함께
주어진 삶의 무게.
그 위에 덧댄
끝없는 욕심과 집착.

가기 전에
내려놓아야 할 짐,
무엇부터 놓을 것인가.

나를 지배하는
감정과 생각.
내가 무(無)라면,
무엇을 쥐고 있을까.

놓아주는 용기

슬퍼하지 마세요.

이 끝은 종말이 아니라,
고통의 굴레를 벗어나는
새로운 시작입니다.

남겨진 우리는
붙잡고 싶은 마음에
손끝까지 떨리지만,

그대는 이제
아무 고통 없는
따뜻한 빛으로 걸어가야 합니다.

억지로 이어진 숨결,
기계에 묶인 하루를
더는 인연이라 부르지 말아요.

사랑이란,
때로는 놓아주는 것.
눈물로 붙잡지 않고,
기도로 풀어주는 것.

끝이 아니라,
고요한 귀환.
슬픔이 아니라,
고통에서의 해방.

그러니,
당신을 보내는 우리의 손길에도
작은 웃음이
살짝 머물기를 바랍니다

고통은 이름을 잃는다

정말 몰라서였을까,
알면서도, 그냥 그런 걸까.

새벽부터
병원 앞에 줄 선 사람들,
온갖 통증을 짊어진 몸들이,

어설픈 진찰.
엉덩이에 진통제,
목 뒤에 스테로이드 주사.
고통은 그렇게
하얀 침묵으로 덧칠된다.

그러나 가려진 통증은
사라지지 않는다.
반복된 주사 끝에
쿠싱 증후군이
조용히, 몸을 점령한다.

달처럼 부푼 얼굴,
가냘픈 팔다리,
비대해진 몸통,
숨결만 스쳐도 찢기는 피부.

당신의 가족에게도
그렇게 치료할 수 있는가.
그 질문을,
조용히 삼킨다.

통증을 덜어주고 싶은 마음과
지켜야 할 생 사이,
그 어딘가에서
나는 매번 줄을 긋는다.

하지만 고통은,
끊어진 줄 알았던
약속의 그림자처럼
다시 돌아온다.

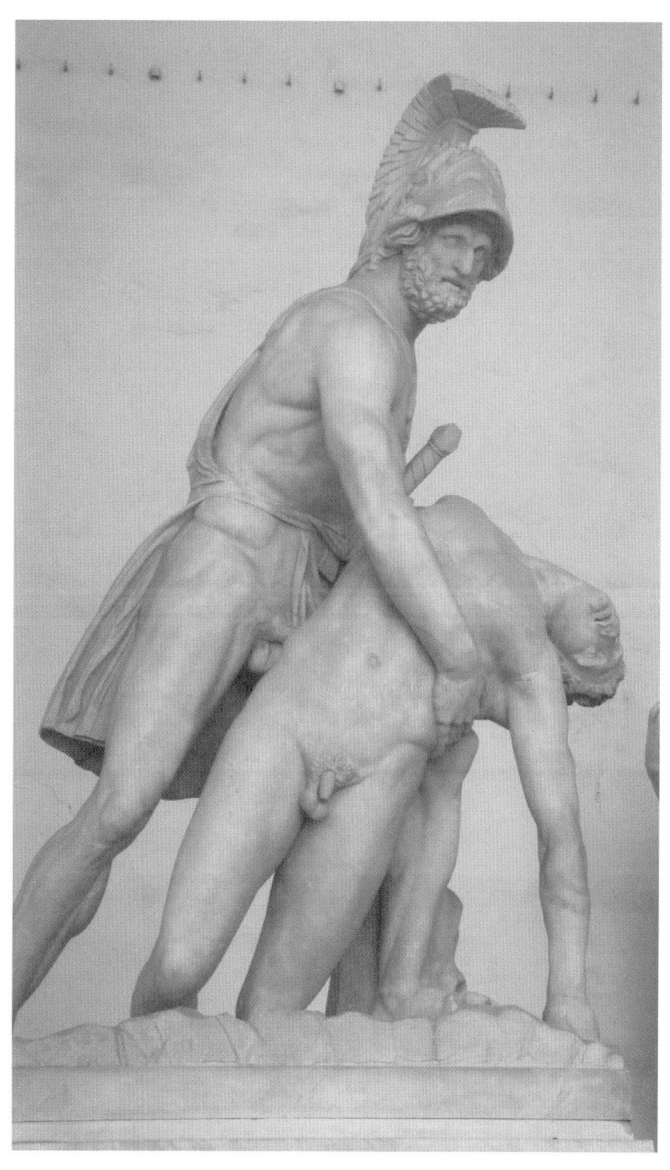

제2부

입안에 머문 순간들

녹차 한 잔

초록 향기 한 방울,
코끝에 머문다.

심심하고 담담한 맛,
조용히 몸에 스며든다.

뜨겁지 않은 따스함이
천천히 나를 데우고,
슬며시 미소 짓게 한다.

바쁜 하루 속,
너를 만나는 짧은 시간 -

눈을 감게 하고,
걸음을 늦추게 하고,
너를 닮은 누군가를
아련히 떠오르게 한다

어설픈 손놀림으로
너를 우려내며,
다 담지 못한 마음을
잔 속에 남긴다.

조금 식어버린
마지막 한 모금으로
너와 작별하고,
다시 일상으로 돌아가지만 -

심심하고 아련한 네가 그리워
잠시, 돌아본다.

(2024.1.16, 진료실에서
동방미인 차 한 잔 마시며)

매화 꽃차

활짝 핀 꽃잎을
곱게 따서 우려낸,
맑고 투명한 한 잔 -
매화 꽃차.

담백할 줄 알았던
그 은은함은
오히려 화려한 향으로
혀끝을 휘감는다.

흰 치마저고리 위,
샤넬 향수 한 방울.
낯선 조합에
입꼬리가 슬며시 번진다.

한 모금 머금자 -
따스한 꽃내음,
봄 한 자락이
혀끝에서 피어난다.

세 번 우린 차

세 번 우려낸 차,
바닥에 조용히 가라앉은
세 조각의 흔적.

찻물 위에 비친 얼굴 –
고요한 눈빛 속에
반백의 시간과
숨겨둔 상처 하나.

잔 속 깊이 감도는 여운,
약간의 떫음 속에
시간이 조용히 스며든다.

마음속 깊은 정과
상처를 덮은 단단함이
천천히 번져간다.

너는 새롭지 않지만
오래된 향이 살며시 나를 감싼다.
그래서, 더 좋다.

(2024.1.21 오전)

에스프레소

앙증맞은 잔 속,
짙고 검은 유혹.

잔 아래 감춰진 깊이에
하얀 각설탕 하나를 떨어뜨린다.

첫 모금 –
몸서리치는 쓴맛,
혀끝을 휘감는 날 선 산미.
얼굴이 찡그려지고,
속이 조용히 오그라든다.

지옥이 조용히
혀를 훑고 지나간다.

마지막 한 방울 –
쓴맛 너머,
서서히 퍼지는
설탕의 미소.

작은 불꽃 하나
조용히 스며든다.

나른한 하루 위로
진하게 내려앉는
검은 숨결 하나.

그 속의 지옥,
그리고
피어오른 천국.

폭탄주

작은 잔에
쏟아붓는 오늘의 스트레스,
큰 잔으로 감싸 안아
묵은 기억을 저어본다.

처음엔
웃음처럼 시원하고,
끝엔
눈물처럼 쓰다.

하루의 끝,
비틀비틀한 나를
고요히 들이켜는
하나의 의식.

주치의는 말리겠지만 –
이 한 잔이
오늘을 위한
나만의
처방이다.

행복

조용한 휴일 아침.
차 한 잔을 우려
창가에 선다.

수영강 너머,
광안대교는 햇살을 머금고,
그 아래 바다는
잔잔히 반짝인다.

눈길을 옮기면
단풍 물든 장산이
조용히 붉은 숨을 내쉰다.

초록빛 차향이
은은히 퍼지고,
따스한 기운이
천천히 몸을 감싼다.

이 평범한 순간이
나만의 것이 아니길,
조용히 기도한다.

이 고요가
누군가에게도 닿기를.

초록빛 차 한 잔.
마시는 지금 이 순간 –
내 생의
가장 조용하고,
따뜻한 행복.

행복 저장소

내 마음 한켠,
고요히 쌓아둔
행복 저장소.

괴로울 때마다
살며시 열어보는
나만의 위로 창고.

즐겁고 따스했던 날들,
차곡차곡 접어둔 기억들,
좌절 끝에 건져낸
쓴웃음 섞인 기쁨까지.

이제는
일상 속 감사로
고요히 머무는
편안한 기쁨 하나.

언젠가는
그 문조차
열지 않기를
살며시
바란다.

향수

네가 좋다며
향수를 이곳저곳 뿌린다.
그 향은 너를 감싸고,
존재감도, 자존감도
한껏 부풀어 오른다.

하지만 -
낯선 장미의 숨결에
속이 은근히 뒤틀리고,
쓴 향이
혀 끝에 감돈다.

옆에 앉은 너,
만족스러운 얼굴.
예민한 내 몸은
그 향을
가만히 흘려보낸다.

네가 좋다고
모두가 너처럼은 아니라는 걸,
이젠
조금쯤 알았으면 한다.

그 작은 병 하나로
세상을 덮으려는 너에게 -
오늘,
나는 조용히
등을 돌린다.

제3부

봄의 숨결을 따라

정월 대보름달

시린 발을 동동 구르며,
동녘 하늘을 올려다본다.

달집을 태운 재들이
작은 달 되어 모여들고,
가장 큰 달로
하얗게 떠오른다.

두 손 모은 소원,
고개 숙인 기도 –
모두 담아내려
넓은 얼굴로 어둠을 비춘다.

그믐의 어둠과는 다른
환함의 자비.
태양의 강렬함과는 다른
겸손한 낭만.

차오르고 비우는
무소유의 순환,
차가운 겨울밤마저
품에 안는다.

떠오른 그 순간,
소원을 빌고
등 돌리는 사람들.

그들이 길을 잃지 않게 –
달은
은은한 그림자 되어
하늘에 머문다.

매화 앞에서

메마른 가지 끝에
서리 머금은 꽃눈이 맺힌다.
차가운 봄바람에도
망설임 없이 봉오리를 틔운다.

하얀 꽃잎 속,
노란 수술 하나
바람결에 흔들리며
작은 세상을 더듬는다.

봄이 와서 꽃이 피나,
꽃이 피니 봄인가.
한 송이 매화를 바라보다
기다리던 봄이 스며든다.

꽃샘바람 몰아치는 오후,
꽃잎이 상할까
바람보다 먼저
내 손이 닿는다.

매유사귀 (梅有四貴)

추위를 견디는
고요한 가지 위,
매화 하나 피었다.

겨울 끝자락,
향과 빛을 머금은
절제된 생의 고백.

많지 않기에,
늙어 있기에,
여위었기에,
다 피지 않았기에 –
더 귀하다.

꽃이 피었다고
봄이 오는 건 아니다.

네 하얀 얼굴 하나에
나는
계절을 바꾼다.

봄을 그리다

하얀 물감에
연분홍 한 방울 섞어
화폭 위에
조심스레 터치한다.

빛이 번지듯
연분홍이 퍼지면
다른 자리에도
살며시 붓끝을 얹는다.

그 사이를
어린 연두로 채우면
봄꽃이
천천히 피어난다.

산들산들 불어오는 봄바람,
그 바람에 흩날리는 꽃비는
묽은 물감을 듬뿍 묻혀
화폭 위에 흩뿌리듯 그린다.

그렇게 완성된
생기 가득한 봄 풍경이
조용히 마음속에 스며든다.

어느새 -
나는 그 봄 그림 속에
한가롭게 서 있다.

봄의 색

진짜 봄은
연두빛으로 온다.
말갛게 씻긴 하늘 아래,
여린 새순들이
산자락에 숨결처럼 번진다.

겨우내 움츠린 가지는
고요히 색을 갈아입고,
흙 속 어둠은
빛의 속삭임으로 깨어난다.

가을의 붉음이
이별을 속삭인다면,
봄의 연두는
첫사랑처럼 다가온다.

부드러운 바람에 실린
잎맥의 속삭임,
가만히 젖어오는
계절의 손길.

연두는 단지 색이 아니다.
그것은 -
가장 먼저 피어나는
마음의 온기다.

봄나물

얼었던 땅 위로
파릇한 새싹이 솟고,
마른 가지 끝에도
연둣빛 숨결이 오른다.

쪼그려 앉아
손끝으로 조심스레
두릅을 따고
쑥을 캐며
봄을 줍는다.

데쳐낸 두릅,
참기름에 무친 엉개,
달래 된장찌개,
쑥국 한 그릇.

연두빛 향기로
차린 봄의 식탁.

입 안 가득 퍼지는
풋풋한 첫맛,
도란도란 섞이는
웃음과 온기.

해마다
느낌은 달라져도
봄은 어김없이 찾아오고 -

그래도 변하지 않는 건
당신과 함께 나누는
더 깊어지는
봄의 정취.

흰 가운의 무게, 그리고 꿈 65

4월에는 춤을 추자

4월은
춤추는 계절이다.

화려하게 차려입고,
사랑의 마음을
몸으로 노래하자.

백목련의 드레스는 왈츠를,
벚꽃비는 살사처럼 흩날리고,
개나리는 리듬에 맞춰
팔랑팔랑 춤을 춘다.

봄바람 따라
이름 모를 꽃잎조차
가볍게 회전한다.

'잔인한 4월'은
오늘만큼은 잊자.
움직이지 못해도,
마음의 발끝이라도 흔들며 –

화려한 스텝은 아니더라도
한 발짝, 또 한 발짝 –

4월이 준
또 하나의 봄,
가슴 깊이 껴안고
웃으며 춤을 추자.

지나간 4월은
다시 오지 않는다.

월광 소나타

잔잔한 수면 위로
반짝이는 물결을 따라
달빛이 번진다.

호숫가의 피아노,
조용히 울리며
소나타가 시작된다.

첫 음이 닿자
수면 위에 잔물결이 인다.
그 파장 위로
달빛이 화답한다.

아다지오의 속삭임,
알레그레토의 숨결,
프레스토의 격정 -
시간은 흐르듯,
감정은 휘몰아친다.

연주는 멎고,
호수는 다시 고요하다.
달은 여전히
말없이 빛난다.

남은 선율은
가슴속 잔물결로
천천히
번져간다.

꽃다발 – 쉰 해의 인연

노랑과 분홍 장미,
빨간 카네이션,
작은 국화로 묶인
한 아름 꽃다발.

예순의 중년 남자.
1974년 국민학교 4학년,
그로부터 쉰 해.

모임을 잘 이끌어준 것에
고마움을 전할려고
며칠을 고민한
너의 조용한 인사.

뜻밖의 선물에
쑥스레 웃으며 받았지만,
꽃 너머로
나는 네 진심을 읽었다.
열심히는 못했지만,
최선을 다한 마음을
알아줘서 고마웠다.

함께 만든 시간이기에
친구들 한 명 한 명에게
한 송이씩 나누어 본다.

이 꽃은 웃는 그녀를 닮았고,
저 꽃은 무뚝뚝한 그를 닮았고,
소리 없이 핀 저 작은 꽃은
말 없는 녀석 같구나.

세상은
이렇게 어우러져 돌아가고,
너희가 있기에
나도,
참 괜찮은 사람이었다.

억울할 것 없는 세상 –
우리,
한 번,
원 없이
살아보자.

흰 가운의 무게, 그리고 꿈

베롱나무 꽃, 백일홍

꽃잎 하나 지면
다시 꽃 하나 피어나기를,
꼬박 백일.

분홍 저고리에 푸른 치마,
여름 무더위 위에
어여쁘게 피어나는 아낙네처럼.

풍성한 매력을
한껏 꽃피우다,
가을 단풍에게
조용히 자리를 내어주는 꽃.

고고하진 않지만,
헤프지도 않은,
따뜻한 정감.

백일 동안
쉬지 않고 피어 있던 모습,

그건 기다림이었을까,
아니면
말 없는 뽐냄이었을까.

꽃이 지고 나면
앙상한 가지만 남아
누구였는지조차
잊혀질지라도,

피어 있는 동안만큼은
활활 타올랐으니 –
그 자리에
미련이 없기를.

기다림이었다면
다시 만남이 있기를,
뽐냄이었다면 –
그 기억마저
오래 피어 있기를.

제4부

사랑이라는 풍경

보고 싶은 얼굴

멀리서도 찾을 수 있는
당신 모습

다가갈수록
번지는 눈웃음

마주하면
꼭 안고 싶은 마음

좋은 만남

좋은 만남은
치고 들어오지 않는다.
비처럼 쏟아지는 감정이 아니라,
조용히 스며드는 물처럼 –
천천히 젖었다 마르는
인연이다.

계산도, 설명도 없이
되풀이된 시간 속에서
감동은 파문처럼
마음 깊숙이 번져간다.

생각만 해도
입가에 번지는 미소,
혹여 불편할까
말 한마디도 조심스러워진다.
그러나 -
결코 나를 묶지 않는다.

좋은 만남은
설렘이 되고,
기대가 되고,
말없이
마음을 환히 비춘다.

친구

가끔 만나지만
이벤트처럼 설레는 친구.

매일 마주하지만,
문득 보이지 않으면 허전한
일상 같은 친구.

급할 때에야 비로소
손을 내미는 친구도 있다.

그들도,
내 우정의 한 모서리.

친구란
가만히 곁에 머물며
마음이 스며드는 사람.

어느새
가족처럼,
침묵마저
따뜻해지는 사람.

여보

이른 아침,
옆에 곤히 잠든
여보를 가만히 바라봅니다.

가벼운 코골이,
흐트러진 잠자리,
늘어난 잔주름과
포근한 살집.

젊고 예뻤던 당신은,
내가 만든 주름과
자식들이 만들어준 살결로
조용히 변해왔지만 –

지금,
내 옆에 누운 여보는
비교할 수 없는 보석,
나의 영원한 벗입니다.

여보의 주름 속에는
나의 아픔과,
당신의 이해가
고요히 스며 있습니다.

이 세상 누구도
그 주름을 읽을 수 없지만,
나는 압니다.
당신의 마음을.

가만가만,
잠이 깰까 봐
당신의 등을 토닥이며
이불을 덮어주는 나는 –

오늘도
여보 곁을 지키는
작은 등대입니다.

당신

나를 포근히 안아주던
당신의 품에,
나는 조용히 기대고 싶었습니다.

심장 소리에 스며,
근심과 고민은 사라지고,
그 고요는
나의 피안이자
머물고 싶은 평화였습니다.

당신 품에 안긴 나는
더는 아무것도 바라지 않았습니다.
이 순간보다 더 큰 행복은
없었으니까요.

나를 믿고
조용히 안아준 당신 –
당신의 품은
내 삶을 감싸는
깊고 너른 강물이었습니다.

하지만 –
당신 눈가에 스친
슬픔의 그림자,
말로 닿지 않는 고통 앞에서
나는
자꾸만 말을 잃습니다.

당신이
내게 행복을 주었듯,
이제는
내가 당신의 등을
조용히 감싸고 싶습니다.

우리를 잇는 인연은
어떤 말로도
다 담을 수는 없지만,

지금,
내 곁에 있는 당신은
세상의 누구도 아닌,
오직 –

나만의 당신입니다.

붉은빛 그대

영혼을 훔치듯
다가오는 붉은 손길,
스며드는 유혹의 향기.

침 한 번 삼키고
기울인 잔 너머,
터지는 맛의 폭죽 사이로
그대 얼굴이 떠오른다.

피노누아의 투명한 숨결엔
소녀 같은 웃음이,
말벡의 짙은 무게 속엔
깊고 느린 눈동자가 잠겨 있다.

그대 입술에 맺힌
붉은 향기,
와인잔 가장자리의
잊히지 않는 자국.

아,
매혹적인 그대여 -
영혼마저 붉게 물든 이 밤,
오래도록
내 곁에 머물러주오.

짧은 머리, 긴 마음

짧은 머리,
고개 숙여 인사하고
훈련소로 향하는 너.

"괜찮다"며 웃는 얼굴
그 안에
낯선 두려움과
감춘 걱정이 스며 있구나.

누구나
가기 싫은 마음.
나도
그랬단다.

입대 후
가장 먼저 세어보는 건
전역 날짜.

어색하던 내무반이
어느새
집처럼 익숙해질 무렵 -

그날은
생각보다 금방
오고 말 거야.

어머니

아픈 몸 이끌고
정성껏 만드신 수정과.
자식이 고맙다며
그 한 모금,
마셔도 괜찮을까요.

한 모금 삼킬 때마다
찢어지는 이 가슴 -
어떻게,
달래주실 건가요.

눈에 넣어도 아프지 않을
자식을 위해,
절룩이며 오르시는
먼 절길

너덜너덜한 마음,
어디에 꿰매야 할지
저는 모르겠습니다.

말도 닿지 않는
당신의 고집.
스님, 부처님,
저는 이제
어떻게 해야 하나요.

가장 사랑하는 분과
이런 일로
다투고 싶지 않은데 -
제발, 도와주세요.

환갑이 넘은 나이,
어머니께는
여전히 어린 자식인 저는
아직도
갈피를 잡지 못합니다.

부디,
자식을 위한 기도를
이젠 놓으시고 –
당신의 업을 다하시며
윤회의 굴레를 벗어나
성불하시길.

그리고,
그렇게
당신을 놓아드릴 수 있기를.

그때는 몰랐겠죠

그때는 몰랐겠죠,
아니, 애써 외면했을까요.

그대 없는 공허가
이토록 무겁게 내려앉을 줄은.

그때는 몰랐겠죠,
아니, 모른 척했을까요.

그대 떠난 빈자리가
이토록 메워지지 않을 줄은.

내 가슴을
이렇게 가득 채운 그대였다는 걸 –
나는 왜 몰랐을까요.

그대 떠난 뒤,
나는 매일 꿈속을 떠돕니다.
손끝에 닿을 듯한 잔상도
허공에 흩어지고,

그대 향기조차
시간에 씻겨 흐려지지만,
나는 오늘도
그 빈자리에
조용히 말을 겁니다.

제5부

조용히 마음을 거닐다

공(空)

비어 있지만
기능을 다하고,
보이지 않지만
존재한다.

소리를 내지 않지만
울림을 가진다.

찾으려 애쓸수록
손끝에서 멀어지는 것.

형상을 벗고
이름을 내려놓고
전체를 바라볼 때,
비로소 느껴지는 존재.

비움의 공(空),
채움의 공(空),
그리고,
질서 없는 혼돈 속의 공(空).

모든 것은
비어 있기에,
흐르고, 사라지고,
다시, 시작된다.

나를 본다

거울 속에서
나를 본다.
익숙한 얼굴,
흐릿한 표정.
배경처럼 서 있는
조용한 시간의 나.

창밖에 비친
겹쳐진 형상,
세상 풍경 사이
흐려진 틈에서
불확실한 미래 같은
또 다른 나를 본다.

그리고,
눈을 감고
다시, 나를 본다.

번뇌와 기쁨,
고민과 웃음 사이를
끝없이 떠도는 존재.

지금,
내 안 가장 깊은 곳에서
조용히
나를 꺼내본다.

아직 —
닿지 못한
나의 언저리.

흰 가운의 무게, 그리고 꿈

싸구려

값이 싸거나
질이 낮다는 뜻.
누구도 갖고 싶어 하지 않는다.

최고급은 늘 멀고,
언감생심 바라지 못한다.

하지만
싸구려는 가격이 아니라
순간에 맞는 진심이다.

세상이 매긴 값,
포장지에 적힌 이름.
그 시선 앞에
내 마음을 숨기지 마라.

감정에도 브랜드는 없다.
싸구려 감정은 없다.

그 순간의 뜨거움,
솔직함,
그게 전부다.

싸구려 인생은
가난해서가 아니다.

내 마음을
남의 눈에 맞춰
포장하는 순간 -

진심은, 가짜가 된다.
그게,
진짜 싸구려다.

마음 다듬기

오늘도
마음속 갈등은
조용히
자기합리화로 끝난다.

세상의 틀을 벗어난
작은 욕망 하나,
그 옆에 앉은
이성의 혐오.

나는 또,
<u>스스로를</u>
조용히 죄인이라 부른다.

도덕이라는 이름,
성취라는 껍질.
그것만이
좋은 삶일까?

내키는 대로 살고 싶은 마음.
그것 또한
내 삶의 일부임을
받아들일 때,

비로소 -
나는
또 다른 나와
마주 앉는다.

그림자

그림자 뒤에
빛이 숨었다.
잠시 구름이
햇살을 가린 것처럼.

어둠 속에서 -
조용히 고개를 숙이다가,
때로는 그림자를 밀어내며
빛을 향해 걸어야 했다.

빛은
언제나 그림자 너머에 있었다.

그리고,
그곳을 향해 걸을지 말지는
늘
나의 몫이었다.

방황

대지를 적시며
스며드는 비,
흙먼지를
온전히 적시진 못해도.

어두운 마음 속
스쳐간 섬광 하나,
막막한 두려움을
다 지우진 못해도.

수증기가 모여야
비구름이 되듯,
내 안의 어둠에도
시간이 필요하다.

그 어둠 속,
한 줄기 빛이 내릴 때,
날 이끌 건 무엇일까.

나를 쫓는 건
결국,
내가 만든 두려움이었다.

거센 소나기도,
찬란한 빛조차,
답이 아니었음을.

그저
멈춤을 알지 못해

비를 따라 걷고,
빛을 좇던 발걸음.

이제 멈춰 선 이 자리 –
그 멈춤이
나의 마음이 되길.

무념무상(無念無想)

보이지도, 들리지도 않는 –
텅 빈 공간에
나를 가두었다.

대화도 끊기고
관계도 멀어지고,
어둠만 흐르는 시간.

생각은
쉴 새 없이 흐르는 강물처럼
고요 속을 헤집는다.

번뇌의 바다 위,
진실의 점 하나를
조심스레 찍어본다.

주위를 조금씩 지워
점은 원이 되고,
원의 테두리는
서서히 퍼져간다.

하지만,
커진 원을 들여다보면
또다시
번민으로 가득 찬 어둠뿐.

생기고 사라지는,
번뇌의 동그라미.

결국은
하나의 점으로 돌아간다.

새로운 화두를 던져
불씨를 일으켜 보지만,
무심한 바람 앞에서
꺼질 듯 흔들리는 작은 불꽃

생각 없는
마음의 공백 –
그토록
어려운 일이던가.

모르면
도전조차 못할 길.

좌절조차 허락되지 않는
반복되는 구도의 길.

도달하지 못해도,
이 길이 맞다는
진리 하나로

오늘도 끝을 향해
기도한다.

이루지 못함은,
그저 내 탓이라 여긴다.

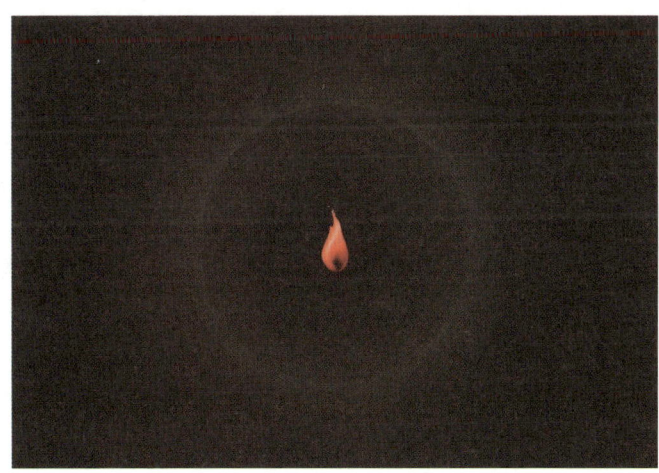

표현

아름다운 것을
아름답다 말하는 건 –
햇살 아래 놓인 꽃병.
누구나 스쳐가며
한 번쯤 바라보는 일상이다.

아름답지 않은 것을
아름답다 말하는 건 –
분장을 더한 거울,
빛을 흉내 내는 기술이다.

아름다운 것을
아름답지 않다 말하는 건 –
사진의 구도처럼
감정을 잘라내는 편집이다.

아름답지 않은 것을
아름답지 않다 말하는 건 –
너무 날 것이라,
사람들은
말없이,
고개를 돌린다.

그래서 우리는
편집자가 되거나,
기술자가 된다.

진실한 표현은
언제나 늦게 도착한다.
살며시 문을 두드리며,
떨리는 한 줄로
조용히 창문 너머를 바라본다.

허리띠

내 몸의 경계를
한 줄로 감아주는
작은 약속 하나.

흘러내리는 하루를
허리께서 붙드는
조용한 고집.

조금 줄어든 허리,
새 구멍을 뚫을까 망설이다가 –
네 살결에 남긴 상처 하나에
내 마음이 멈춘다.

2.5센티의 거리
그 작은 틈을 메우려
나는
내 몸을 바꾸기로 했다.

조금 덜 먹고,
조금 더 걸으며,
천천히
너에게 나를 맞춘다.

이제, 너는
내 치수를 기억하는
유일한 존재가 되었고,

단단히 묶여도
조이지 않는,
오히려
날 안아주는 너 –

네 품 같은
허리띠 하나.

흰 가운의 무게, 그리고 꿈

고목

메마른 가지 곁으로
향기 어린 바람이 분다.
햇살 머문 바람결 따라,
묻혀 있던 열정이 되살아난다.

파릇파릇 새순이 돋고,
오래된 피가 다시 돌며
푸른 숨결이 가지마다 맺힌다.

나이 육십.
숫자의 굴레를 벗고
나는, 고목이기를 거부한다.

다시 찾아온 향기 앞에
조용히,
새로운 청춘을 꿈꾼다.

세련되고,
우아하게
삶을 맞으리.

조급함도,
이룰 목표도 없지만 –
살아온 날들의 깊이와
머금은 배려로
다시 나를 피우리.

마른 가지는
죽은 것이 아니다.
그저,
잠시 쉬고 있을 뿐.

누군가
내 안을 흔드는 순간 –
향기 속에서
나는 다시 피어난다.

천차만별의 삶

이 삶이 –
누군가에겐 생존의 각축장,
또 다른 누군가에겐 유희의 놀이터.

하루의 시작은
어떤 이에게는 숙제 같고,
또 어떤 이에게는
설렘 가득한 초대장이다.

유희의 울타리 밖,
늘 등 돌린 이름표 하나.
나는, 그쪽 세상에
발을 디딘 적이 없다.

나는,
선택하지 못한 삶의 구역에
그저 조용히
놓여 있었다.

경계를 넘어서려
몸부림쳤지만,
마음은 여전히
천지 차이.

뒤돌아보면 –
현실에 순응하며
접어 넣은
빛 바랜 하루들,

아무도 부르지 않았던
내 하루의 이름.

흰 가운의 무게, 그리고 꿈 117

군계일학(群鷄一鶴)

닭의 무리 속,
늠름한 수탉,
고운 암탉,
저마다 다른 빛을 품고 있다.

그 가운데,
하얗게 선, 학 한 마리.
바람 없는 물결처럼 고요하다.

학은 정말 뛰어난 걸까,
아니면
그저 다르게 태어난 걸까.

학의 무리 속,
영롱한 꼬리의 공작 한 마리.
찬란한 깃을 펼치면,
공작보다 학이 부족한 걸까,

아니면,
그저, 또 다른 빛일 뿐일까.

학은
학의 걸음으로 걷는다.

닭도, 학도, 공작도
서로를 비교하지 않는다.

비교하는 것은 –
오직, 인간이 만든
잣대의 그림자일 뿐이다.

흰 가운의 무게, 그리고 꿈

깨어 있는 항해

물 위에 누워
몸을 띄운다.
동풍이 불면 동쪽으로,
서풍이 불면 서쪽으로.
돌고 돌아 닿는 곳은
언제나, 물가 가장자리.

인생의 바다에도
몸을 띄운다.
역풍이 불면
이리저리 휩쓸리고,
순풍이 불면
일사천리로 나아간다.

역풍 속 몸부림으로
겨우 닿은 거리보다
제때 불어준 순풍이
더 멀리 데려다준다.

쏟아부은 열정이
늘 길을 내준진 않았다.

그래서 이제는 –
물속에서 숨죽이는
개구리처럼,
불어오는 순풍을
눈 뜨고 바라본다.

모든 건 결국,
나의 선택이었다.

슬픔은 무생명이 아니다

무생명은 -
우주에서 가장 자연스러운 상태다.

생명을 가진 우리는
잠시 머물다
다시, 우주로 돌아간다.

살아 있는 지금,
이건 -
우주가 허락한
아주 짧은 기적이다.

생명을 이루는
원자는 불멸한다.
죽음은,
그저 원자의 흩어짐.

그래서 사람들은 말한다.
"원자는 살아 있다"고.
그 말로
죽음을 위로하지만,

내가 사랑한 사람은
단지 원자의 조합이 아니다.

그는,
이름을 가진
한 사람.

그 사실이 -
슬픔을
줄여주지는 않는다.

눈을 감고 누워

눈을 감고,
가만히 누워
발끝을 떠올린다.

지나온 발자국들,
비틀거리며 그은 청춘의 선들,
머뭇거리던 마음들이
제멋대로 흩어져
시야를 가린다.

머릿속을 본다.
안개 속을 걷는 듯 흐릿한 나,
미래는 닫힌 창,
불안이 숨을 쉰다.

가슴을 본다.
내 뜻과는 무관하게
두근거리는 생의 고동.
불씨처럼 타오르는
살아 있음의 욕망.
일렁이는 꿈 하나.

그래,
어지러움도 두려움도 품고,
나는 다시 걷는다.
나를 향해.

에필로그

다양성의 이름으로

나는
다르면 틀린 줄 알았다.
그래서
말하지 않았다.

하지만 이제 안다.
다름은,
말해야 비로소
존재가 된다.

그 다름이
곧 다양성이며,
세상을 이루는 힘이다.

발문

흰 가운의 무게를 넘어 꿈의 세계로

신완섭 시인

신승준은 의사이다. 그것도 외재적 상처와 아픔을 치료하는 정형외과 의사이다. 고래로 양·한방 가릴 것 없이 의학은 철학·문학·미술·음악 등과 함께 '예술(art)'의 한 분야였다. 다시 말하자면 병이나 상처를 치료하는 단순한 의술(medical technique)에 국한시키시 않고 예술의 한 방편으로 인식했던 것이다. 그래서인지 그의 첫 시집도 기술보다는 예술에 가깝다.

표제 '흰 가운의 무게, 그리고 꿈'은 그가 생업으로 삼게 된 의사로서의 무게에 짓눌리면서도 의사로서 첫걸음을 내딛었을 때 외쳤던 히포크라테스 선서의 꿈뿐만이 아니라 생활인으로서 품었던 꿈을 실현할 것을 끝없이 희구한다. 공식 상으로 기술해 보면 무게=꿈 또는 무게->꿈으로 전개되는데, 이는 일종의 갈망 승화 과정이다. 제1부 '아픔과 같이한 시간들' 편에 실린 「흰 가운의 꿈」과 「의사의 시작」은 좌절을 딛고 일어서려는 그만의 대표적인 몸부림이다.

어릴 적
나는 꿈을 꾸며 살았다.
흰 가운을 입으면
아픔을 고치는
신이 될 줄 알았다

그러나
진정한 흰 가운의 무게는
결코 가볍지 않았다 (중략)

그때 문득 떠오른다.
졸업 앨범에 적었던 그 글

'흰 가운을 벗는 날까지
나로 인해
한 생명의 불행함이 없기를
기도한다'

- 「흰 가운의 꿈」 부분 -

의사로서
첫 의료행위는
사망 선고였다

아이러니한 시작

많은 죽음을 본 뒤에야
비로소 깨닫는다

생명을 살리는 일 옆에는
언제나
죽음이 나란히
붙어 있다는 것을

- 「의사의 시작」 부분 -

　부제(部題)처럼 '아픔과 같이한 시간들'은 그의 일상이 된 지 오래되었다. 하지 절단술을 했던 첫 수술, 반복되어 온 수술실에서의 사투, 죽을 만큼 아프고 나야 죽게 되는 퇴행성 관절염, 사망한 채 구급차에 실려 온 DOA(Death On Arrival), 극복하기 어려운 환자의 고통과 시련, 그리고 허다한 죽음... 마침내 그가 남긴 일성은 「놓아주는 용기」였다.

슬퍼하지 마세요.

이 끝은 종말이 아니라
고통의 굴레를 벗어나는
새로운 시작입니다.

남겨진 우리는
붙잡고 싶은 마음에
손끝까지 떨리지만

그대는 이제
아무 고통 없는
따뜻한 빛으로 걸어가야 합니다.

억지로 이어진 숨결,
기계에 묶인 하루를
더는 인연이라 부르지 말아요.

사랑이란,
때로는 놓아주는 것.
눈물로 붙잡지 않고
기도로 풀어주는 것.

끝이 아니라
고요한 귀환.

슬픔이 아니라
고통에서의 해방

그러니
당신을 보내는 우리의 손길에도
작은 웃음이
살짝 머물기를 바랍니다.

– 「놓아주는 용기」 전문 –

죽음에 다다르게 만든 가해자일 수도 있는 의사로서 '놓아주는 용기'를 이야기하는 것은 또 다른 용기다. 떠나는 자에겐 생의 끝은 종말이 아니라 고통의 굴레를 벗어나는 새로운 시작이라고, 그러니 이제 아무 고통 없는 따뜻한 빛으로 나아가라고, 그러면서 남은 자에겐 망자와의 인연, 곧 억지로 이어지고 기계에 묶였던 관계를 털어내라고 조언한다. '억지'가 내재된 심적인 관계성이라면 '기계'는 드러난 물적인 관계성이다. '사랑이란／때로는 놓아주는 것. 눈물로 묶지 않고／기도로 풀어주는 것'. 클라이맥스에 해당하는 이 시구는 철인(哲人)의 금언 같다. 시구에 담긴 교훈은 명징하다. 떠나간 영혼에게 보내는 위무로는 남은 자의 눈물 따윈 소용 없다는 것이다. 기도만이 놓아줌이요, 고요한 귀환이요, 고통에서의 해방이 된다. 죽은 영혼은 마음으로만 교감하기 때문이다. 어쨌든 놓아주는 용기는 남은 자의 몫이다. 숱하게 죽음을 목격해온 의사로서 망자의 영혼을 달래주면서도 우리의 아픔을 어루만져주는, 인술의 확장된 범위를 몸소 보여주는, 참으로 가슴 따뜻한 시다.

    2부에서 5부에 이르는 시들은 흰 가운을 벗어던진 세상에 관한 시이다. 차 한 잔의 행복, 봄의 숨결을 느끼게 하는 정경, 가까운 사람들에게서 느끼는 사랑이라는 풍경, 조용히 자신을 돌아보는 시간들 속에 자연스레 침잠한다. 소소한 일상에서 마주치는 생활 속의 시들은 정갈하면서도 아쉽다. 그 아쉬움은 끝없이 채워지지 않는 갈망에 연유한다. 그의 갈망은 어디에서부터 비롯된 것일까. 아마도 삶과 죽음의 기로에 놓인 환자들의 고통과 시련을 30년 이상 세월 동안 누구보다도 가까이에서 지켜봐 오면서 삶을 깊이 관조하려는 버릇 혹은 습관이 생겨났을 것이다.

    '어설픈 손놀림으로/ 너를 우려내며/ 다 담지 못한 마음을/ 잔 속에 남긴다' -「녹차 한 잔」부분 -

    '세상은/ 이렇게 어우러져 돌아가고/ 너희가 있기에/ 나도/ 참 괜찮은 사람이었다// 억울할 것 없는 세상-/ 우리/ 한 번/ 원 없이/ 살아보자' -「꽃다발-쉰 해의 인연」부분 -

    '좋은 만남은/ 치고 들어오지 않는다/ 비처럼 쏟아지는 감정이 아니라/ 조용히 스며드는 물처럼-/ 천천히, 젖었다 마르는/ 인연이다' -「좋은 만남」부분 -

'모든 것은/ 비어 있기에/ 흐르고, 사라지고/ 다시 시작된다'
-「공(空)」부분 -

'싸구려 인생은/ 가난해서가 아니다// 내 마음을/ 남의 눈에 맞춰/ 포장하는 순간-// 진심은 가짜가 된다/ 그게/ 진짜 싸구려다'
-「싸구려」부분 -

'진실한 표현은/ 언제나 늦게 도착한다/ 살며시 문을 두드리며/ 떨리는 한 줄로/ 조용히 창문 너머를 바라본다'
-「표현」일부 -

'뒤돌아보면-/ 현실에 순응하며/ 접어 넣은/ 빛 바랜 하루들'
-「천차만별의 삶」부분 -

'역풍 속 몸부림으로/ 겨우 낳은 거리보다/ 제때 불어준 순풍이/ 더 멀리 데려다준다' -「깨어있는 항해」부분 -

'빛은/ 언제나 그림자 너머에 있었다// 그리고/ 그곳을 향해 걸을지 말지는/ 늘/ 나의 몫이었다' -「그림자」부분 -

나의 장인 어르신도 정형외과 의사셨다. 대체로 존경받는 의사라는 직업은 그 이면에 그림자가 적지 않다. 환자를 잘 보살피고 치료해주어야 하는 스트레스가 상존하는 가운데, 일상의 대부분을 원내에서 보내야 하는 시공간적 제약도 심한 편이어서다. 심한 말로 표현하면 '돈 잘 버는 고강도 3D업종(?) 종사자'로 불리기도 한다. 장인이 살아계실 때 뵙기만 하면 "신 서방, 술 한 잔 하고 가게"라고 붙잡으신 적이 한두 번이 아니었다. 당신께서는 수필가로 등단하여 글을 쓰는 일로 그림자 상당 부분을 지우려고도 애쓰셨다. 신승준 원장이 시에서 자신의 몫으로 남기려 했던 선택지도 그림자 뒤에 있는 빛을 밝히는 일이었을 것이다. 이번 시집 출간으로 첫걸음을 내디딘 그의 시작(詩作)이 '흰 가운의 무게를 넘어 꿈의 세계로 나아가는 새로운 진입로'가 되길 학수고대하며 그의 진일보(進一步)를 열렬히 응원한다.

    끝으로 선배 시인으로서 한 마디 조언을 남긴다면, "좋은 시는 심상(心象), 즉 마음으로 짓는 형상"이라는 점을 명심해 주길 부탁드린다. 머리를 굴리지 말고 감각 속에 떠오르는 상을 마음에 새기는 시 창작 작업에 정진한다면, 머지않아 의사이자 시인으로 존경받는 두 방면의 아티스트(artist)가 되어있을 것이라 확신한다.

흰 가운의 무게, 그리고 꿈

초판 1쇄 2025년 7월 1일

지은이 신승준
펴낸이 신완섭
펴낸곳 고다

출판등록 제2010-000016호(2010년 6월 22일)
주소 경기도 군포시 수리산로 33, 833-2702
전화 010-2757-6219
팩스 031-466-1386
이메일 golgoda9988@naver.com
디자인 안보영

ISBN 979-11-980360-8-7

값 16,000원
(판매수익금 일부는 불우이웃 성금으로 쓰여집니다)